삶의 파편 하나

창조문예
시 선
0 2 0

임형두 시조집

삶의 파편 하나

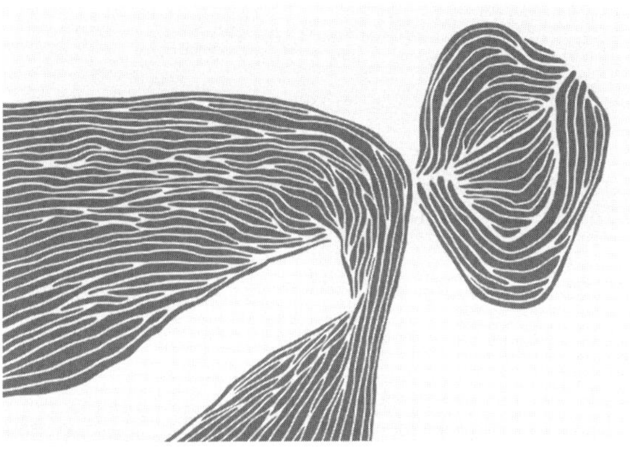

창조문예사

| 저자의 글 |

추석에 역귀성을 했습니다. 큰딸의 안내를 따라 국립중앙박물관에 갔습니다. 중앙국악관현악단의 공연 〈거리의 춤추는 악사들 : 광장예인〉과 양주별산대놀이보존회의 공연 〈웃기는 탈춤, 웃기지 않은 세상〉 그리고 국악단 소리개의 공연 〈길 : the Way〉를 보면서 모처럼 우리 민속 공연의 멋과 흥겨움에 젖어 드는 시간을 가질 수 있었습니다.

시 중에서도 시조시가 오랜 역사적 전통과 함께 우리 가락의 멋과 흥겨움을 지니고 있다는 데 마음이 끌려서 몇 년 전부터 습작하기 시작했습니다. 시조를 쓰면 쓸수록 우리 민속 공연처럼 우리 가락의 멋과 흥겨움에 더 깊이 잠기게 되는 것 같습니다.

초등학교 1학년인 외손녀를 데리고 김영삼도서관에 간 일이 있습니다. 그림 도서 읽는 것을 지켜보다가 톨스토이의 『안나 카레니나』와 『전쟁과 평화』를 소개하는 그림 도서를 보게 되었습니다. 이런 글이 있었습니다. "'톨스토이의 작품은 예술 작품이 아니라 삶의 파편이다'(19세기 비평가 매튜 아놀드)라는 평가를 남길 정도로 삶의 의미를 탐색하는 작품 세계를 완성했다."

시조집 제목을 생각하던 중에 여기서 힌트를 얻어 '삶의 파편 하나'라고 정하게 되었습니다. 시조 내용이 일상 가운데서 묵상의 기쁨 한 톨 한 톨을 주워서 표현한 것이기에 알맞은 제목인 것 같습니다. 내용은 크게 3부(자연, 인생, 신앙)로 나누어 정리해 보았습니다.

비록 미숙하지만, 작품 중에 5편을 《창조문예》 신작시 코너에 싣도록 친절한 지도와 함께 감상 평설까지 써 주시고, 더불어 이 시조집을 낼 수 있도록 지도해 주시고 머리말 「추천의 글」을 써 주신 박이도 교수님(경희대 국문학과)께 깊은 감사의 말씀을 드립니다.

아울러 옆에서 격려와 응원을 해 준 가족들에게 감사하고, 한국예술인복지재단과 출판을 맡아 수고해 주신 출판사 대표님과 직원 여러분께도 감사의 인사를 드리는 바입니다.

주후 2025년 10월 광주 무등산 아래서

임형두

| 추천의 글 |

자연의 세월 묵상의 시간

朴利道

시인 임형두 목사의 시조시집 『삶의 파편 하나』를 출간한다. 임 시인은 이미 시집 『기쁨의 씨앗 하나』를 상재上梓한 바 있다.

한국어 고유의 운율韻律을 살려 1) 자연 2) 인생 3) 신앙 등 3부로 나누어 편집했다. 이 시조시집에는 하나님이 주신 자연의 세월 속에 인간의 서사가 사막에서 솟는 샘이나 하늘에 빛나는 별빛처럼 시인의 삶 속에서 영생의 소망이 샘솟듯 피어나고 있다.

육체는 모두가 풀의 꽃 같으니
조금 더 고우면 몇 날을 자랑하고
조금 더 영광을 차지한들 안개 같지 아니한가

바람이 일렁이면 일제히 피어나고

기운이 잦아들면 스르르 눈 감는다
세세에 있는 한 분의 입에서 난 것이라
—「광야의 소리」 전문

이 작품은

"…모든 육체는 풀과 같고 그 모든 영광은 풀의 꽃과 같으니 풀은 마르고 꽃은 떨어지되 오직 주의 말씀은 세세토록 있도다…"(벧전 1:24~25)라는 성경 말씀이 텍스트이다. 일상적으로 성경을 읽고 묵상하는 시인의 신앙고백의 일단을 언어로 적시한 것이다. 즉 온갖 박해에서도 "세세에 있는 한 분"의 말씀 즉 하나님의 말씀으로 구원받을 수 있다는 신앙적 확신에 이르는 시구詩句이다.

새 종류 어떠하든 주고받는 소리 있어
문자가 없어도 막힘없이 소통하니
서로가 한세상 살아가는 방언이 일정하다

피부색 어떠하든 주고받는 말이 있어
억양은 달라도 담긴 뜻은 똑같은데
부족과 민족이 다르니 알아들을 수 없다

바벨탑 높이 쌓다 혼잡해진 인간 언어

온 천하 만민에게 복음이 통하도록
오순절 성령 강림으로 모국어를 듣는다

— 「소통」 전문

시인은 이 시조를 쓰게 된 동기로

"교회 가는 길에 여기저기서 지저귀는 새소리를 듣기도 하고, 포장도로 위에서 종종거리며 모이를 쪼아 먹는 비둘기들이 서로 소리를 내면서 소통하는 것을 보기도 했다. 사람들은 여러 가지 이유로 서로 소통하지 못하는 경우가 있고, 특히 여러 차이점이 있겠지만 언어가 다르다는 것이 큰 장애인 것 같다. 그러나 오순절 성령 강림 때 여러 나라에서 온 사람들이 각기 자기 나라말로 하나님의 말씀을 받게 된 것을 생각해 보았다"고 했다.

인간들이 각기 다른 제 나라말로 서로 소통이 안 되던 것을, 오순절 성령 강림 때 방언으로 깨우치게 된 것을 연상해 쓴 것이다.

"오순절 성령 강림으로 모국어를 듣는다"는 곧 성령 강림을 통해 하나님의 복음이 만민에게 통할 수 있게 됨을 뜻하는 것이다.

이 「소통」과 연관이 있는 또 한 편의 평시조는

천 마디 말씀 앞에 한 마디도 못 할 자가

만 마디 방언으로 한 사랑을 대신할까
천 년의 갑절을 산다 해도 바람일 뿐인데
—「천 마디 만 마디」 전문

이다. 설의법으로 성령(방언)의 신비감을 강조하고 있다. 이는 인간의 말로는 하나님의 절대 구원의 사랑을 깨우칠 수 없다는 말이 아닌가.

"40여 년의 목회를 마치고 은퇴하면서 『기쁨의 씨앗 하나』라는 시집을 낸 지도 벌써 7년여가 지났다. 그 후로 틈틈이 주님이 지어 주신 자연과, 은혜로 허락하신 인생 가운데 기독 신앙인으로서 보너스로 주어진 묵상의 기쁨을 맛보면서 함께 나누고 싶어 계속 메모해 왔다. 그뿐만 아니라 새벽 시간이면 말씀을 보고 묵상하다가 구주 예수 그리스도의 은혜와 하나님 아버지의 사랑이 조금씩이라도 더 깊이 깨달아지는 기쁨을 메모했다가 시로 옮겨 쓰곤 했다"고 시인은 말한다.

깜깜한 동굴에 갇혀서 살다가
예리한 검을 만나 옛 사람을 벗고
온몸이 그 손에 들려지니 새 삶이 시작된다
—「연필」 전문

「연필」에 관해 시인은 “새 연필을 깎다 말고 생각에 잠기게 되었다. 하나님의 말씀으로 거듭나서 새사람이 되고, 주님의 손에 내 삶을 맡길 때 새로운 인생을 경험하게 해 주시는 은혜를 노래하고 싶었다”고 말한다. 이 작품은 최상의 은유이자 철학적 명상을 유발케 하는 가작이다. 평시조의 짧은 운율로써 대단한 상상력을 유발케 한다.

모양을 빚은 이가 바로 그 토기장이
생각이 있어서 다 다르게 만들었네
그에게 쓰임받는 것이 삶의 기쁨 아닐까

—「옹기전」 전문

「옹기전」은 시인이 옹기전 옆을 지날 때면 늘 생각하곤 했던 이야기이다. “옹기장이 솜씨가 참 대단하다, 그릇 종류가 많기도 하구나. 사람이 창조주 하나님을 위해서 살고, 창조주 하나님께 쓰임받는 것이 목적 있는 삶을 사는 길이고, 기쁨이 있다”는 것을 노래로 읊은 작품이다. 예수님이 맡긴 달란트 비유를 염두에 두고 지은 작품이다.

무등산 전경이 보인다고 자랑하다
저 산이 나를 보면 어떻게 보일까
전에는 생각해 보지 않은 산의 눈이 되어 본다

머리를 들어서 밤하늘의 별을 세다
저 별이 나를 볼 땐 어떻게 뵐까
늘 하던 생각을 벗어나 별의 눈이 되어 본다

아내를 생각할 때 어떠한 모습인가
아내가 사모하는 남편으로 살고 있나
이제야 주께서 주신 복을 기뻐하며 감사한다

주님을 바라보며 무엇을 구하는가
은혜로 주신 것 아닌 것이 없는데
주님이 바라보는 눈으로 나를 볼 순 없을까

—「어떤 눈」 전문

「어떤 눈」은 시인이 지금까지 갖고 있던 입장을 바꾸어 생각해 보는 시점視點에서 출발한다.

시인은 "산이든, 별이든, 사람이든 서로 위치를 바꾸어서 역지사지해 보면 서로를 잘 이해할 수 있을 것 같은데 사람들은 대부분 고정된 자기 생각과 감정으로 다른 사물과 사람을 대하기 때문에 여러 가지 어려움이 파생되는 것 같다"고 자신의 생각하는 자세를 자성해 본다. 이어 "심지어 주님을 믿는다고 하면서도 내가 바라는 주님만 생각하는 경향이 있는 것은 아닐까. 주님이 보시는 나를 보고, 주님이 원하시는 사람이 되고, 주님이 기뻐하시는 삶을 살아가려면 새로운 관점, 새로운 눈이 필요한 것 같다"는 참회록이 된 것이다.

임형두 목사님의 시조시집 『삶의 파편 하나』 상재를 거듭 축하해 마지않습니다.

2025년 시월상달

용인시 수지 우거寓居에서

박이도(시인 · 경희대 은퇴교수)

| 차례 |

저자의 글 / 4

추천의 글 / 7

제1부_ 자연

자연 1 ——— 19

가을 아침 19 • 가을 하늘 1 20 • 꼬끼오 21 • 꽃 항아리 22 • 단풍잎 23 • 민들레 24 • 사월 어느 날 25 • 여름 달 26 • 옹기전 27 • 입추 28 • 평온 29 • 흘러간 물 30 • 가을 하늘 2 31

자연 2 ——— 32

가을 하늘 3 32 • 그림자 33 • 그저 잠잠하다 34 • 깊은 바다 35 • 꽃들의 소망 36 • 노각 37 • 매미가 울다 38 • 바다 39 • 밤의 은총 40 • 연필 41 • 은총 42 • 한살이 43 • 갈대 44

제2부_ 인생

인생 1 ——— 47

공개 수배 47 • 그림자 48 • 꽃 피는 계절 49 • 마음의 얼굴 50 • 소리 51 • 은택 52 • 인생 53 • 조명등 54 • 해무海霧 55 • 거울 56 • 나그네 57 • 벚꽃 세상 58 • 별 59 • 대목장 60 • 소통 61 • 추석 달 62 • 나목 63 • 산이 좋다 64 • 백설 65

인생 2 ——— 66

가시는 안 돼요 66 • 그보다 67 • 눈 68 • 빛 아래서 69 • 수염 70 • 예쁜 얼굴 71 • 오월 72 • 이장 73 • 정류장 74 • 행복한 가정 75 • 나목 76 • 동행 77 • 파도 78 • 하늘이 더 넓어 보이네 79 • 산이 좋을시고 80 • 돈는 해 81 • 어떤 눈 82 • 여생 83 • 첫눈 84

제3부_ 신앙

신앙 1 ——— 89

공기 89 • 그리스도의 몸 90 • 더 크신 분 91 • 말없이 92 • 변화 93 • 생수의 은혜 94 • 신실하심 95 • 오로지 96 • 오직 예수 97 • 은혜 없이는 98 • 인생의 꽃 99 • 태양 100 • 광야의 소리 101 • 다 찬양 102 • 사마리아 여자 103

신앙 2 ——— 104

가을 하늘 4 104 • 거듭남 105 • 믿음 생활 106 • 빛 107 • 사랑이라는 두 글자 108 • 스위치 109 • 오는 비 110 • 아무리 멀어도 111 • 천 마디 만 마디 112 • 축복 113 • 항상 114 • 개구쟁이 115 • 평생 116 • 필요한 이유 117 • 하늘 아버지 118

제1부 / 자연

1

가을 아침 • 가을 하늘 1 • 꼬끼오 • 꽃 항아리 • 단풍잎
민들레 • 사월 어느 날 • 여름 달 • 옹기전 • 입추
평온 • 흘러간 물 • 가을 하늘 2

2

가을 하늘 3 • 그림자 • 그저 잠잠하다 • 깊은 바다
꽃들의 소망 • 노각 • 매미가 울다 • 바다 • 밤의 은총
연필 • 은총 • 한살이 • 갈대

가을 아침

이슬비 잦아들자 하늘이 떠들고

아침 해 세수하고 단풍나무 찾아드니

이파리 끝 물방울이 금모래 빛이 된다

가을 하늘 1

단풍잎 바람 타고 집으로 돌아갈 때

흰옷을 입은 무리 하늘에 모여 있어

파란 숨 들이마시니 들뜬 마음 가라앉네

꼬끼오

알람을 켜 놓았나 하루도 어김없다

시대는 달라도 메시지는 동일하니

이 새벽, 내 영혼 안타까워 저렇게 우나 보다

꽃 항아리

항아리 기울여서 꽃강을 연출했다

어떠한 마음으로 설치한 작품일까

예술가 모시고 살면 내 마음도 고와질까

단풍잎

온 힘을 다하여 경주를 마치고

지친 몸 쉴 곳에 이르고 싶어

걸쳤던 옷 갈아입고 먼 길을 떠난다

민들레

거처가 누추해도 노래할 수 있는 것은

겨울을 어찌 날까 염려하지 않았어도

민들레 되게 한 이가 함께하고 계셨음이라

사월 어느 날

신록의 풋살은 갓난아기 볼 같은데

영산홍 붉은 가슴 첫사랑 앓이인가

개구리 구슬픈 사연 안개비에 젖는다

여름 달

별들도 다 떠나고 흉가 같은 하늘을

눈여겨보는 이야 있든지 없든지

정해진 규례를 따라 초병처럼 지킨다

옹기전

모양을 빚은 이가 바로 그 토기장이

생각이 있어서 다 다르게 만들었네

그에게 쓰임받는 것이 삶의 기쁨 아닐까

입추

흙밭의 기상대 풀벌레 앵커의

떼창 특보에 깨어난 새벽바람

텁텁한 가마솥 이마 살포시 닦아낸다

평온

목숨 건 진주대첩 김 장군을 기리다가

촉석루 대청마루 신발 벗고 올랐더니

단청한 석가래 틈새로 참새가 넘나드네

흘러간 물

흘러간 물에다 발 담글 수 없는데

과거에 얽매여 오늘을 허비할까

언제나 동일하신 이가 나와 함께 하시도다

가을 하늘 2

섞인 것 하나 없어 마음의 거울 같아
음성이 안 들려도 온 세상의 아버지요
언제나 드넓은 가슴 모두의 어머니라

태양을 꿰차고 한 곡조 열창하니
흰 구름 무리 지어 손뼉 치는 소리 맞춰
마음을 다듬이질하여 하늘빛 물들인다

가을 하늘 3

무엇을 더 보고 들어야 양이 찰까

누구를 만나야만 마음이 맑아질까

하늘로 명경 삼은 이에게 귀 기울여 볼 거나

그림자

평생에 한 번도 빛을 보지 못하고

꿈에서 깨어나도 빛이 될 수 없지만

내 앞에 빛이 있기에 이 또한 있음이라

그저 잠잠하다

산이며 들판의 풀 채소 과목들

온몸이 비에 젖고 불볕에 노출돼도

잠잠히 배기노라면 계절이 바뀐다

깊은 바다

하늘과 구름과 태양만 바라보든

번개와 우레와 태풍의 밤을 맞든

저 깊은 바다와 같이 잠잠할 수 있었으면

꽃들의 소망

해마다 꽃들이 목 놓아 비는 것은

시들지 않는 몸을 덧입고자 함이니

세세에 기뻐할 영광을 밤낮없이 그림이라

노각

늙어서 노각인가 어려서도 같은 이름

종자가 그러하니 어쩔 수 없음같이

출생도 잉태도 한 근원 할 수 없는 죄인이다

매미가 울다

그 일성 녹음 같은 진액을 짜내고

그 외침 태양 같은 밀어를 토해내며

생명수 강을 노래할 때 세상 근심 달아난다

바다

평생에 하루도 바람 잘 날이 없다

무엇이 내 속에서 바다가 되었을까

바다가 죽지 않으면 풍랑도 쉬지 않는다

밤의 은총

암탉이 새끼 품듯 어둠이 내려오면

소음만 잠재우나 헛된 꿈 가라앉고

세미한 음성 깃들일 때 심지가 밝혀진다

연필

깜깜한 동굴에 갇혀서 살다가

예리한 검을 만나 옛 사람을 벗고

온몸이 그 손에 들려지니 새 삶이 시작된다

은총

태양이 천지의 규례를 어기지 않고

지구는 주야의 약정을 폐하지 않아

과객이 그 품에 안겨 시를 그린다

한살이

민들레 한살이도 수월치가 않구나

모두가 반기는 꽃다운 시절 지나

홀씨가 바람에 날린다고 근심이 없어지랴

갈대

갯가에 서 있는데 해풍이 안 흔들까

풀 같은 목숨이라도 갯벌이 지켜낸다

농게랑 짱뚱어랑 한 하늘을 우러르고

큰 자나 작은 자 없이 한 깃발을 나부끼며

시대를 보듬고 사각대야 하는 세월

가녀린 손 마주 잡고 수일같이 배겨낸다

제2부 / 인생

1

공개 수배 • 그림자 • 꽃 피는 계절 • 마음의 얼굴 • 소리
은택 • 인생 • 조명등 • 해무海霧 • 거울 • 나그네 • 벚꽃 세상 • 별
대목장 • 소통 • 추석 달 • 나목 • 산이 좋다 • 백설

2

가시는 안 돼요 • 그보다 • 눈 • 빛 아래서 • 수염
예쁜 얼굴 • 오월 • 이장 • 정류장 • 행복한 가정
나목 • 동행 • 파도 • 하늘이 더 넓어 보이네
산이 좋을시고 • 돋는 해 • 어떤 눈 • 여생 • 첫눈

공개 수배

무엇에 눈이 부셔 그랬던 것일까

무엇을 잃었길래 그랬던 것일까

그렇게 찾던 것들은 어디로 갔는가

그림자

낮 같은 세상도 그림자 땅이라

금으로 꾸몄으나 빛바랜 마음에

언제나 해가 떠올라 생기를 되찾을까

꽃 피는 계절

봄철에 꽃이 피듯
마음도 피었으면

어디서 빛이 와야
마음이 환해질까

어떠한 계절을 만나야
마음마저 가득 찰까

마음의 얼굴

얼굴이 각지면 마음도 모가 날까

얼굴이 검으면 마음도 어두울까

마음이 밝은 사람은 그 얼굴도 환하다

소리

나무가 줄기 타고 물 배달하는 소리

꽃송이 가슴 열며 수줍어하는 소리

열매가 불어 익어가며 마음 단장하는 소리

은택

온밤을 쿠울쿨 잠만 자던 아이 때나

긴 밤을 새워가며 경계 서던 초병 때도

돋는 해 아침 햇살은 차이가 없었다

인생

나란히 잠을 자도 같은 꿈 꿀 수 없고

내 꿈도 마음 같이 엮어내지 못하며

꿈에서 깨어나도 사는 것이 꿈같다

조명등

정신을 차리고 지금에 충실하라

죽음이 그렇게 만인에게 고하건만

초상집 문 나설 때면 까먹고 만다

해무海霧

천하를 삼킬 듯 호령을 할지라도

해 뜨고 바람 불면 스러지고 마나니

욕심이 바다 같아도 빈손 칠 뿐이다

거울

거울을 앞에 놓고
자기에게 말을 건다

그 누가 나처럼
마음을 써 줄까

등 뒤에 서 있는 그가
빙긋이 웃는다

나그네

차림새 어떠하든 지나가는 나그네
하룻밤 행랑에서 묵다가 떠나가듯
밟는 땅 하늘의 지붕 그대로 두고 간다

어디로 향하든 길 가는 나그네
누구와 만나도 한동안 사귈 것뿐
오만 정 들었다 해도 가는 길 못 막는다

벚꽃 세상

꽃송이 송이마다 한 빛을 보았다
쉼 없이 달려가며 숨 가쁘게 외치나니
한 분이 다스리시는 평화의 나라로다

꽃송이 송이마다 한 임을 만났다
눈부신 그 얼굴빛 눈을 뗄 수 없어
실바람 가락을 타고 홀린 듯 읊조린다

별

수효가 많아도 모두가 스타이다
일등만 기억해 주는 나라가 아니니까

캄캄한 밤에도 환한 웃음소리
재미나는 일이 그렇게나 많을까

조금 크고 작아도 사이좋게 반짝인다
모두가 한 분에게서 난 형제들이니까

대목장

추석 장 보려고 손수레가 줄을 선다
무엇을 가득 담아 나누고 싶은 걸까
보름달만큼이나 정이 가득 넘쳤으면

발 디딜 틈이 없는 전통시장 골목길
뿌리를 찾아가는 민족 고유 명절에
서로가 만남으로써 마음마저 꽉 찼으면

명절의 북적임이 휴식으로 바뀌어도
단풍이 해를 만나 그 얼굴 환해지듯
하늘에 감사하는 마음에 즐거움이 빛이 된다

소통

새 종류 어떠하든 주고받는 소리 있어
문자가 없어도 막힘없이 소통하니
서로가 한세상 살아가는 방언이 일정하다

피부색 어떠하든 주고받는 말이 있어
억양은 달라도 담긴 뜻은 똑같은데
부족과 민족이 다르니 알아들을 수 없다

바벨탑 높이 쌓다 혼잡해진 인간 언어
온 천하 만민에게 복음이 통하도록
오순절 성령 강림으로 모국어를 듣는다

추석 달

한때는 번개에 천둥같이 응답했지
창문을 노크해도 거들떠보지 않네
구월의 폭염과 열대야에 지친 탓일까

나만의 이름으로 밤하늘을 지키는데
팬들의 박수갈채 기대나 했겠는가
산사의 상사화에나 이 맘을 전해 볼까

잠잠히 바라볼 때 모나리자 미소와
토끼 귀 가진 자에게 세미한 음성
마음의 빗장을 풀 때 그 사랑을 만나네

나목

떨고만 있는가
예비하는 것 있어

눈보라 끝에서도
물러설 줄 모르고

갈채 소리 없어도
하루같이 기다린다

잎사귀 안 둘러도
부끄러울 것 없고

버려진 것 같아도
혼자 있는 것 아니니

죽은 것 같아 보여도
산 소망을 품었다

산이 좋다

세월이 지나가도
변함이 없고

바람이 몰려와도
흔들림이 없으며

역사는 바뀌어도
진실을 간직한 산

대적이 소리쳐도
두려움이 없고

세상이 요동쳐도
자리를 지키며

모두 다 떠난다 해도
언제나 함께한다

백설

소란한 세상에서 숨이 가쁜 마음에
메마른 땅 위에서 곤비한 발걸음에
새 일을 들어 보라고 쉼 없이 부른다

소리가 없어도 온 세상에 통하며
분분한 것 같아도 한 나라를 세우고
새하얀 마음을 주니 한뜻을 품는다

길 따로 없어도 스스로 길이 되고
진리가 불변임을 대대로 증거하며
생명은 죽지 않는 것을 환하게 선포한다

위에서 나는 사랑 차별 없이 미치고
지붕과 마당 모두 이불로 덮어주니
은혜를 아는 자들이 그 영광을 찬미한다

언제나 변함없는 아버지의 사랑과
세상 죄를 맑게 하는 성자의 은혜이며
별같이 반짝거리는 성령 안의 기쁨이라

가시는 안 돼요

생선탕 맛있어도 가시는 골라낸다

가시가 목에 걸려 응급실에 가야 하듯

말속의 가시로 인한 상처 오래오래 가나니

그보다

악인의 형통보다 숨겨진 죄악이

행위의 옳음보다 심령의 깨끗함이

징계가 슬픈 것보다 아파하는 사랑이

눈

흑암이 덮으면 숨길 수 있을까

빛으로 옷 입으면 속일 수 있을까

한밤도 대낮과 같이 비추이는 이에게서

빛 아래서

낮에는 태양이 하늘에서 빛나고

밤이면 전등 켜고 낮같이 사는데도

마음엔 어둡고 악한 생각 가실 날이 없구나

수염

옥수수 익은 것은 그을린 수염으로

인생이 익는 것은 하얘진 수염으로

백발은 영화의 면류관, 의의 길에 빛난다

예쁜 얼굴

소녀가 숲에서 가을을 줍는다

단풍잎 우수수 바람 타고 내려오면

수많은 이파리 중에서도 예쁜 것만 고른다

오월

신록의 풋향기 물안개에 묻어나고

아이들 노는 소리 울 밖으로 새어나니

가정에 피어오르는 사랑 숲 사이 햇살 같다

이장

그리던 얼굴 대신 한 줌의 흙뿐이라

혈육의 인연마저 가루가 되었는가

조부모 이장하러 갔다가 항아리만 묻고 왔다

정류장

오는 이 반가워요, 가는 길 평안하길

첫차부터 막차까지 오고 가는 사람들

저마다 모습 달라도 모두가 우리 이웃

행복한 가정

정원에 피어 있는 꽃이 다 달라도

바람이 일렁이면 한 노래 흐르듯이

얼굴과 성격이 달라도 봄 동산을 이룬다

나목

봄 여름 가을 없이 온 맘을 다하여

찾아온 이들에게 즐거움을 선사하고

기쁨을 노래하며 함께하던 모든 것

꿈같이 지나가고 벗은 몸이 되어

나이테 느껴질 때 한 해를 돌아보며

혼자가 아니었음에 두 손을 모은다

동행

날 업고 길 가면서

이름 불러 주실 때

손가락 꼼지락거리며

옹알거리기만 해도

엄마는 날 어르며

그래그래 하셨다

파도

산새들 숲속에서 지저귀며 화답하듯
파도는 바다에서 손을 잡고 뛰어논다

바다의 호흡인 듯 한시도 쉬지 않고
바다가 살아 있어 부서져도 다시 산다

바다로 말미암고 바다로 돌아가니
처음이나 마지막에도 바다와 한 몸이다

하늘이 더 넓어 보이네

빌딩에 갇혀서 숨가쁘게 살다가

농사가 전부인 고향을 찾았다

들판은 하늘 아래 엎드려 있고

산들도 다소곳이 머리를 숙였다

마음이 들판 되고 생각이 순해졌나

하늘이 더 다정하고 드넓어 보인다

산이 좋을시고

생김새 비교하며 얼굴을 고치던가
자리를 탓하며 이리저리 옮기던가
날씨가 변덕을 부려도 낯빛 변함없다

꽃 피는 봄날에는 봄 된 것을 기뻐하고
무성한 여름에는 초목들과 노래하며
세월이 쏜살같아도 서두르지 않는다

갈아입을 옷이야 빌려 입은 것일 뿐
백설에 뒤덮일 땐 하늘을 이불 삼고
호올로 있을 적에도 언제나 깨어 있다

돋는 해

돋는 해 아침 빛에 어둠이 물러간다
위에서 우리에게 임하는 돋는 해
어둠과 죽음의 그늘에 생명의 빛을 준다

돋는 해 아침 빛에 세상이 환해진다
위에서 우리에게 임하는 돋는 해
새 아침 걸음걸음을 평강으로 인도한다

돋는 해 아침 빛에 만물이 생동한다
위에서 우리에게 임하는 돋는 해
넘치는 생명의 은혜로 빛나는 삶을 준다

돋는 해 아침 빛에 어둠이 전혀 없다
위에서 우리에게 임하는 돋는 해
해보다 더 밝은 곳에서 영원토록 빛난다

어떤 눈

무등산 전경이 보인다고 자랑하다
저 산이 나를 보면 어떻게 보일까
전에는 생각해 보지 않은 산의 눈이 되어 본다

머리를 들어서 밤하늘의 별을 세다
저 별이 나를 볼 땐 어떻게 뵐까
늘 하던 생각을 벗어나 별의 눈이 되어 본다

아내를 생각할 때 어떠한 모습인가
아내가 사모하는 님편으로 살고 있나
이제야 주께서 주신 복을 기뻐하며 감사한다

주님을 바라보며 무엇을 구하는가
은혜로 주신 것 아닌 것이 없는데
주님이 바라보는 눈으로 나를 볼 순 없을까

여생

날마다 사랑하며 살아도 조금 남은
날마다 거룩하게 살아도 조금 남은
날마다 세상을 이기며 살아도 조금 남은

날마다 예수님의 은혜 안에 살아도
날마다 하나님의 사랑 안에 살아도
날마다 성령의 충만과 인도 따라 살아도

날마다 하나님의 이름 위해 살고
날마다 하나님의 나라 위해 살며
날마다 하나님의 뜻과 영광 위해 살아도

여생이 얼마일까 얼마 남지 않은 날들
여생이 얼마일까 얼마 남지 않은 세월
여생이 얼마나 될까 알 수 없는 나의 생애

첫눈

드디어 오는구나
마침내 왔구나

그 모습 변함없고
그 마음 여전하다

벌거숭이 나무에도
길바닥 위에도

고적한 산에도
엎드린 들판에도

소리 없이 내려온다
차별 없이 만나준다

솜옷을 입혀주고
고운 마음 안겨주며

돌아가야 할지라도

다시 오마 약속한다

제3부 / 신앙

1

공기 • 그리스도의 몸 • 더 크신 분 • 말없이 • 변화
생수의 은혜 • 신실하심 • 오로지 • 오직 예수 • 은혜 없이는
인생의 꽃 • 태양 • 광야의 소리 • 다 찬양 • 사마리아 여자

2

가을 하늘 4 • 거듭남 • 믿음 생활 • 빛 • 사랑이라는 두 글자
스위치 • 오는 비 • 아무리 멀어도 • 천 마디 만 마디
축복 • 항상 • 개구쟁이 • 평생 • 필요한 이유 • 하늘 아버지

공기

태어난 순간부터 나로 말미암고

잘 때나 깨어서도 내 안에 있나니

날마다 숨 쉬는 순간마다 나를 먹고 살려무나

그리스도의 몸

값 주고 사셔서 거룩하게 하셨도다

소자를 기뻐하사 함께 사시나니

오늘은 무엇을 통해서 찬송을 돌릴까

더 크신 분

구름이 가을 하늘 구겨지게 하던가

태풍이 해의 미소 휩쓸어 가던가

세세에 하늘과 태양보다 크신 이가 계시도다

말없이

강물이 흘러흘러 바다로 모여들고

태양이 악인과 선인에게 비출 때

주께서 인생과 역사를 은밀하게 섭리할 때

변화

씨앗을 심는다고 다 열매를 내는가

광선을 비춘다고 시력이 회복되는가

마음이 기경되었을 때 은혜의 해가 임한다

생수의 은혜

광야를 통행할 때 따르는 반석 있어

무더위 속에서도 폭포수 그침 없듯

속에서 콸콸 솟아나서 강이 되어 흐르나니

신실하심

천지의 규례대로 운행하는 태양이

어쩌다 그 얼굴 숨길 일이 있겠는가

태양을 하늘에 두신 이는 더 높이 계시나니

오로지

어둠을 향하여 소리쳐 보았는가

단번에 몰아내는 빛밖에 없듯이

죄인을 살려낼 이는 그분 한 분뿐이다

오직 예수

예수가 안 계시면 태양 없는 지구요

예수가 안 계시면 달빛 없는 공동묘지

예수는 생명의 구주시라 그가 계셔 내가 산다

은혜 없이는

공기가 없으면 무엇으로 숨을 쉬며

태양이 없으면 무엇으로 대신할까

은혜가 아니면 살 수 없어 하늘을 우러른다

인생의 꽃

나무가 늙었다고 늙은 꽃이 피는가

고목에 달린 홍시 더욱 붉어 보이고

주름살 늘어날지라도 속은 날로 새롭도다

태양

구름이 태양을 삼킬 수 있겠는가

어떠한 조명등이 태양보다 밝겠는가

태양도 대신할 수 없는 그 영광, 그리스도

광야의 소리

육체는 모두가 풀의 꽃 같으니
조금 더 고우면 몇 날을 자랑하고
조금 더 영광을 차지한들 안개 같지 아니한가

바람이 일렁이면 일제히 피어나고
기운이 잦아들면 스르르 눈 감는다
세세에 있는 한 분의 입에서 난 것이라

다 찬양

내가 다 찬양할 수 없다는 걸 알겠어요
주님이 하신 일이 크고도 놀라워서

내가 다 찬양할 수 없다는 걸 알겠어요
만유가 다 함께 드려야 할 찬양이니

내가 다 찬양할 수 없다는 걸 알겠어요
지금과 영원 무궁히 찬양받을 이시니

사마리아 여자

혈통만 순수하면 거룩한 것인가요
주님은 그녀를 멀리하지 않았지요
그에게 필요한 것은 하나님의 사랑이니

대여섯 남편이 나에겐 없었나요
주님은 그녀를 멸시하지 않았지요
그에게 필요한 것은 솟아나는 샘물이니

외양만 그럴싸한 종교인일 뿐이지만
주님은 그녀를 포기하지 않았지요
그에게 필요한 것은 하나님의 성령이니

가을 하늘 4

눈 없는 것 같아도 마음을 헤아리고

귀 없는 것 같아도 들리는 대로 행하려고

아무 말 없는 것 같아도 열매를 짓는다

거듭남

짝퉁을 자랑하며 거리를 활보하더니

한 분을 만난 후에 마음이 바뀌었다

진토를 보배로 삼으려고 자신을 버리신 분

믿음 생활

이 하루 하나님의 이름을 위하고

이 하루 하나님의 임재 안에 거하고

이 하루 나의 죽음을 기억하며 사는 것

빛

해 달 별 없어도 어둡지 않은 빛

낮의 해 밤의 달을 만들어 거신 분

그분을 믿는 자마다 빛의 자녀 되도다

사랑이라는 두 글자

사랑이라는 두 글자, 어디에서 나왔을까

사랑이라는 두 글자, 무엇을 말할까

독생자 주신 하나님, 자신을 버린 예수

스위치

자다가 일어나서 일상처럼 하는 일

스위치 켜자마자 방 안이 환해진다

아침 해 돋아나서 전등 끄는 나에게

내게는 하루도 그런 일 없다 한다

마음이 어두운가 항상 빛을 원하는가

그 이름 예수 그리스도 해보다 더 빛난다

오는 비

오는 비 맞을 뿐 주관할 자가 없고

비 올 때 우산 쓸 뿐 피할 수가 없구나

마지막 한 비가 쏟아질 때 피난처는 있는가

아무리 멀어도

캄캄한 밤하늘 아득한 길 넘고 넘어

나 하나 만나려고 달려온 별처럼

사망의 골짜기 깊은 데서 나를 찾아 살리셨네

천 마디 만 마디

천 마디 말씀 앞에 한 마디도 못 할 자가

만 마디 방언으로 한 사랑을 대신할까

천 년의 갑절을 산다 해도 바람일 뿐인데

축복

별들의 수효를 다 셀 수 없으며

바닷가 모래를 헤아릴 순 없지만

약속을 믿었던 조상처럼 믿음의 눈을 든다

항상

깜깜한 밤중에도 태양이 거기 있듯

타국에 가 있어도 부모 마음 여전하고

어떠한 일을 만나든지 주가 함께 계신다

개구쟁이

화단에 심은 벼가 누렇게 익었다

벼 이삭 훑어버린 사람이 누구냐

말하는 사람에게 만 원을 주겠다

선생님, 저에게 그 돈을 주세요

선생님, 약속하셨잖아요 빨리 주세요

평생

정해진 혈액형 지니고 살아가듯

평생에 해 아래 살면서 수고하고

한 사람 아담 안에 나면서 죄인의 몸

사망의 목줄 차고 질질 끌려 다니다가

하나님 아들의 죽음으로 결박에서 풀려났다

필요한 이유

밤의 달 먹구름에 숨이 막혀버렸다
달 같은 존재는 없어도 그만인가

낮이면 피었다가 해 지면 잠드는 꽃
밤 같은 시간은 없어야만 하는가

돌들이 놓여 있어 시냇물이 노래하듯
고난이 내게 유익이라 주의 법에 눈을 뜬다

하늘 아버지

낳기만 하셨는가 생명을 창조하고
겉모습뿐인가 심령을 지으시고
어둠을 모르고 빛나게 살도록

낳기만 하셨는가 생명을 창조하고
겉모습뿐인가 심령을 지으시고
거역을 모르고 순종하며 살도록

낳기만 하셨는가 생명을 창조하고
겉사람뿐인가 그 형상을 빚으시고
미움을 모르고 사랑하며 살도록

낳기만 하셨는가 생명을 창조하고
이름만 아니라 계획을 가지시고
슬픔을 모르고 즐겁게 살도록

그 아들 보내사 죄에서 구원하고
예수를 살리고 거듭나게 하셨도다

죽음을 모르고 영원히 살도록

하늘에 계신 아버지 우리의 아버지

| 임형두 시조집 |

삶의 파편 하나

초판 발행일 2025년 12월 31일

지은이 임형두
펴낸이 임만호
펴낸곳 창조문예사
등 록 제16-2770호(2002. 7. 23)
주 소 서울특별시 강남구 압구정로 404, 2층(청담동) (우 : 06014)
전 화 02) 544-3468~9
F A X 02) 511-3920
E-mail holybooks@naver.com

책임편집 김종욱
디자인 이선애
제 작 임성암
관 리 양영주

ISBN 979-11-91797-88-6 03810
정 가 10,000원

※ 잘못된 책은 바꾸어 드립니다.